多文化共生を学ぼう

ブラジル・ネパールの友だち

もっと知りたい！
日本でくらす世界の友だち

監修　梅澤 真一

はじめに

　みなさんの学校には外国から来た友だちがいますか。

　日本の小学校に通う外国から来た子どもは、年々ふえています。文部科学省の調査によれば、2013年度には公立学校に通う外国人児童生徒数は約7万人でしたが、2023年度には約13万人に達し、10年間で2倍近くにふえています。日本の公立小学校では、外国から来た子どもがいる学校の割合は、全体の約半数に達しています。外国から来た子どもは、日本語が苦手なことが多いので、本やタブレットなどを使って、日本語を学んでいます。日本のみんなと仲よくなろうと、一生懸命がんばっているのです。

　この「もっと知りたい！　日本でくらす世界の友だち　多文化共生を学ぼう」シリーズでは、外国から来た友だちのことをよく知るためにはどうしたらよいか、また、どのようにすれば、より仲よくなれるかをしょうかいしています。

　第3巻ではブラジルとネパールをしょうかいします。まず、ブラジルやネパールのようすを学びます。正式な国の名前、人口や面積、通貨や国旗などです。次に、日本とのつながりを学びます。文化や貿易、人とのつながりなどです。ブラジルやネパールから日本に来ている、あるいはその国にルーツのある小学生などのインタビューものせました。どんな気持ちで日本の学校ですごしているかが、よくわかります。ポルトガル語やネパール語もしょうかいしました。言葉を覚えて、話ができるようになるとよいですね。ブラジルやネパールで大事にされている行事や小学校のようす、食べ物についても知ることができるので、日本とのちがいがよくわかるでしょう。

　このシリーズを読んで、外国から来た友だちのことを知り、今まで以上に打ちとけ合ったり、助け合ったりして、外国から来た友だちと、より仲よく、楽しくすごせるようになることを期待しています。

梅澤　真一

もくじ

はじめに ・・・・・・・・・・・・・・ 2

ブラジル編

- マンガ **ブラジルのこと知りたいな** ・・・・・・・・ 4
  - ブラジルってどんな国？ ・・・・・・・・・・・ 6
  - ブラジルと日本のつながりって？ ・・・・・・・ 8
- 🎤 ブラジルにルーツのある小学生にインタビュー ・・・ 10
- 🎤 アユミさんが通う小学校の通訳、
  日本語指導の先生たちにインタビュー ・・・・・・・ 12
  - ポルトガル語で話してみよう ・・・・・・・・・・ 14
  - ブラジルの行事にせまってみよう ・・・・・・・・ 16
  - ブラジルの教育制度と小学校のようす ・・・・・・ 18
  - ブラジルの食文化にせまってみよう ・・・・・・・ 20

ネパール編

- マンガ **ネパールのこと知りたいな** ・・・・・・・・ 22
  - ネパールってどんな国？ ・・・・・・・・・・・ 24
  - ネパールと日本のつながりって？ ・・・・・・・ 26
- 🎤 ネパールにルーツのある小学生にインタビュー ・・・ 28
- 🎤 ビノッドさんの先生にインタビュー ・・・・・・・・ 30
  - ネパール語で話してみよう ・・・・・・・・・・ 32
  - ネパールの行事にせまってみよう ・・・・・・・ 34
  - ネパールの教育制度と小学校のようす ・・・・・ 36
  - ネパールの食文化にせまってみよう ・・・・・・ 38

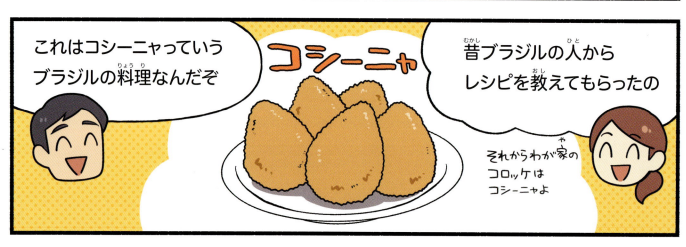

ブラジルってどんな国？

ブラジルは世界で5番目に広い国土をもつ国です。ブラジルの基本データを見てみましょう。

南アメリカ大陸のほぼ半分をしめるブラジルは、日本から見て地球の反対側にある国です。北部にはアマゾン川が流れる盆地が、南部には高原が広がります。先住民や世界各地から移り住んできた人々の子孫がくらし、多様な人種や文化がまざりあう独自の文化をもっています。

正式名称	ブラジル連邦共和国
首都	ブラジリア
面積	851万km²（日本の約23倍）
人口	2億1,600万人（日本の約1.7倍）
民族	ヨーロッパ系、ムラート（白人と黒人の混血）、アフリカ系、アジア系、先住民
宗教	キリスト教、伝統信仰
通貨	レアル

ブラジルの通貨の単位にはレアルとセンターボがあり、1レアルは100センターボです。お札は7種類、硬貨は4種類のセンターボと1レアル硬貨があります。お札の表は横長のデザインですが、うらは縦長のデザインです。
（2024年12月現在）

国旗

緑に黄色のひし形のデザインは王政時代の国旗を受けついでいます。緑は森林を、黄は鉱物を表すとされています。中心におかれた天体は、共和制となった1889年11月15日のリオデジャネイロから見た夜空を再現したものです。27の星は首都と州の数を表し、帯には「秩序と進歩」という標語が記されています。

（写真提供）貨幣博物館カレンシア

自然　アマゾン川

流域面積が世界で一番広いアマゾン川のまわりには、世界最大の熱帯林が広がり、多くの動植物がくらしています。開発や違法な伐採から森林を守る活動が続けられています。

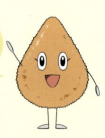

アマゾン川の長さは6,516km。日本列島の2倍以上の長さなのよ

観光名所　コルコバードの丘

標高710mのコルコバードの丘にそびえる高さ30mのキリスト像は、ブラジルの独立100周年を記念して建てられました。世界遺産に登録されています。

自然　パンタナル

パンタナルは、4,700種をこえる動植物がくらす世界最大級の湿地です。開発やかんばつによる被害が心配されています。

産業　コーヒー豆のパティオ

ブラジルはコーヒー豆の生産量も、輸出量も世界一です。パティオ（かんそう場）で豆をほす光景が見られます。

東京からブラジリアまでは飛行機で約30時間※だよ

※東京とブラジリアの直行便はありません。およその所要時間です。（2024年12月現在）

ブラジルと日本のつながりって？

日本から遠い場所にあるブラジルですが、両国には深いつながりがあります。いったいどのような交流があったのでしょうか。

ブラジルと日本の歴史

日本とブラジルの関係は、1895（明治28）年に「日伯修好通商航海条約」が調印され、外交関係が成立したことに始まります。それから約13年後の1908（明治41）年には、最初の移民船である「笠戸丸」がサンパウロの近くのサントス港に着き、781人の日本人がブラジルへの移住をはたしました。その後も多くの日本人が海をわたり、多いときには1年に約2万人、1993（平成5）年までに、約25万人が移住しました。ブラジルには日系人（日本人やその親戚）が約270万人もいて、日本はブラジル人にとってとても身近な国となっています。

（外務省外交史料館所蔵）

大正時代の末ごろ（1920年ごろ）につくられたポスター。ブラジルをはじめとする南米（南アメリカ）への移住をすすめている。

ブラジルから鉱物や農産物をたくさん輸入する日本

日本とブラジルは、貿易を通じて深く結びついています。日本は、ブラジルにとって第9位の輸出国で、第10位の輸入相手国でもあります（2022年）。日本は、ブラジルから鉄鉱石、トウモロコシ、大豆などを輸入しています。

地球の反対側から来ているってすごいね

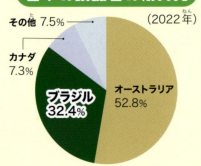

日本の鉄鉱石の輸入先（2022年）
- その他 7.5%
- カナダ 7.3%
- ブラジル 32.4%
- オーストラリア 52.8%

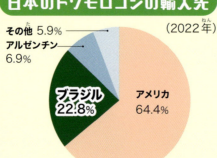

日本のトウモロコシの輸入先（2022年）
- その他 5.9%
- アルゼンチン 6.9%
- ブラジル 22.8%
- アメリカ 64.4%

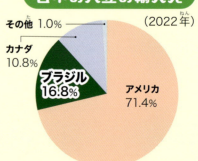

日本の大豆の輸入先（2022年）
- その他 1.0%
- カナダ 10.8%
- ブラジル 16.8%
- アメリカ 71.4%

（出典）「日本国勢図会」2024/25

サンパウロにある東洋人街

第二次世界大戦前、ブラジルを代表する大都市であるサンパウロに、日本人街（日本人の移民などがつくった町）がつくられました。その後、この日本人街には日本人や日系人以外にも多くのアジア人が住むようになり、現在は「サンパウロ東洋人街」とよばれています。

この東洋人街には、日本の食品や本、服などを売る店が立ちならんでいます。そのようすは、まるで日本です。町では、7月の七夕（→17ページ）、大みそかのもちつきなど、日本の伝統行事や年中行事がさかんにおこなわれています。

サンパウロ東洋人街。鳥居やちょうちんのかたちをした街灯など、日本を想像させる町なみとなっている。

かつて多くの日本人が移住した国々

日本人が移住した海外の地は、ブラジルだけではありません。1868（明治元）年にはじめてハワイとグアムに200人近くの人々がわたってから、ペルーや北アメリカ、東南アジアなどに、多くの日本人が移住していきました。とくに第二次世界大戦後、日本で人口がふえつづけていました。その対策として、労働力が不足していた国々へ日本人の海外移住が積極的にすすめられました。

現在、日本から昔のような移住はへっています。しかし、かつて海外への移住がさかんだったことから、海外でくらす日系人の数は、ブラジルの約270万人、アメリカの約150万人、カナダの約12万人など、合計で500万人以上にのぼります。

日系人の数

- カナダ 約12万人
- メキシコ 約7万9,000人（1897年に移住開始）
- アメリカ 約150万人
- ブラジル 約270万人（1908年に移住開始）
- ペルー 約20万人（1899年に移住開始）
- パラグアイ 約1万人（1936年に移住開始）
- オーストラリア 約10万人
- ボリビア 約1万3,000人（1899年に移住開始）
- アルゼンチン 約6万5,000人（1886年に移住開始）

（出典）「日本と中南米をつなぐ日系人」外務省／推定日系人の数は2023年10月1日現在

ブラジルにルーツのある小学生にインタビュー

ブラジル出身で、日本の小学校に通う小学6年生のアユミさんに聞いてみました。

🎤 ブラジルから日本に来たときは、どんな気持ちでしたか？

出発前は日本へ行くのを不安に思う気持ちが少しありました。日本に来てからは、時差ぼけがつらくて、学校から帰宅したあと、昼寝をしていたときもあります。

🎤 ブラジルで好きだった行事や、日本に来てから楽しんでいる行事はありますか？

ブラジルの行事では、2～3月のカーニバルと、6月にあるフェスタ・ジュニーナという収穫祭のようなお祭りが好きでした。カーニバルはブラジルを代表する大きなイベントなので、学校や会社、お店などもほとんど休みになります。フェスタ・ジュニーナは、収穫を祝うとともに、田舎でのくらしを祝福するお祭りです。
日本に来てからは、国際交流のイベントに参加しています。わたしの住む地域には、いろいろな国から人が来ているので、イベントで日本をふくめた各国の料理や音楽、文化を体験できるのが楽しいです。

●子どもの名前は仮名です。

🎤 日本ではブラジルの料理を食べていますか？

　はい。家ではおもにブラジル料理を食べています。豆の煮こみ、ブラジル産の肉のステーキなどです。でも日本のお米も好きです。ブラジルのサンパウロには日本の食材のお店もあったので、ブラジルにいたころから納豆も食べていました。

🎤 日本語がわからなくて、こまったことはありますか？

　ブラジルにいるわたしのおじいさんとおばあさんは日本語を話していたので、わたしもブラジルにいたころから、日本語を話すことがありました。日本に来たばかりのころは、通訳の先生にサポートしてもらうことがありましたが、今はそれほど日本語にこまっていません。それでも、授業で先生が話している日本語は、少し早口でわからないときがあります。

🎤 日本で友だちができたきっかけは？

　日本で卓球を習いはじめて、そこで友だちができました。学校では、休み時間にバスケットボールやおにごっこをして遊んでいるうちに、自然と友だちがふえました。

ポルトガル語（ブラジルの公用語）の本がたくさんならぶ図書室。

11

アユミさんが通う小学校の通訳、日本語指導の先生たちにインタビュー

アユミさんの通う小学校には、ブラジルやフィリピンなど、外国にルーツのある子どもたちが多く通っています。学校のようすを通訳、日本語指導の先生、国際交流の委員会の先生にうかがいました。

ポルトガル語の通訳

国際交流の委員会の先生

日本語指導と国際交流の委員会の先生

🎤 **通訳と日本語指導の先生は、日本語教室に来る子どもたちにどのようにかかわっていますか?**

　わたしはブラジル出身で、ポルトガル語の通訳として、ブラジルにルーツのある子どもたちの学校生活や授業をサポートしています。授業に入りこんで、子どもたちのそばで先生が言っていることを同時通訳することもあります。子どもたちから「わかった!」と声があがるときが一番うれしいです。みんなその場で理解したいという気持ちがあるのだと感じています。

　わたしは日本語指導をしています。国語の授業の時間に、外国から来た子どもたちや外国にルーツのある子どもたちを別の教室に集めて日本語を教えています。これを「取り出し授業」といいます。また、国語の授業以外では、日本語教師が授業に入りこんで、わからない日本語があるときに、となりについてサポートもしています。

●子どもの名前は仮名です。

🎤 外国にルーツのある子どもが多い小学校ならではの、「委員会」があると聞きました。どんな委員会ですか？

この学校には、飼育委員会や図書委員会と同じように、国際交流の委員会があります。ポルトガル語を階段にはったり、いろいろな国の言葉であいさつ運動をしたりしています。こうした取り組みで、学校のみんなが友だちの国のルーツ、国の背景を知るきっかけをつくっています。そして、外国にルーツのある子どもたちに、自分たちの国の言葉も使ってくれてうれしいと思ってもらえたらなによりです。全校集会では、「この写真はどこの国でしょう？」「この食べ物はどこの国の食べ物でしょう？」「この衣装はどこの国の衣装でしょう？」といったクイズを出すこともあります。

階段にはられたポルトガル語。

🎤 外国にルーツのある子どもたちと仲よくなるためのアドバイスはありますか？

どこかの国の子がクラスに来たら、「その子の国の言葉って何だろう」「どんな文化があるんだろう」というような、その子の周辺のことにもふれてみてください。それらの話題について話しかけてみれば、その子は、「自分のことを受け入れてくれるんだ」と感じると思います。

日本は外国から来る人（移民）になれていない国だといわれていますが、「日本人」や「ブラジル人」みたいに「何人」と区別するのではなく、一人の地球市民としてつきあってほしいです。例えば、日本で生まれてずっと日本でくらしている子どもの中には、外国にルーツがある子もたくさんいます。お父さんはブラジル人でも、そのお父さん（おじいちゃん）はドイツ人やイタリア人ということもあります。「何人」なんて決められないし、関係ないと考えられたらいいですね。

ポルトガル語で話してみよう

ブラジルの公用語であるポルトガル語のあいさつと、気持ちを表す言葉です。
声に出して話してみましょう。

あいさつの言葉

基本のあいさつをマスターしましょう

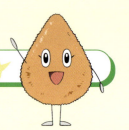

おはよう
ボン ジーア
Bom dia

こんにちは
ボア タルジ
Boa tarde

さようなら
アテ マイス
Até mais!

ごめんなさい
デスクーペ メ
Desculpe-me

ありがとう
オブリガード
Obrigado

どういたしまして
ジ ナーダ
De nada

気持ちを表す言葉

ポルトガル語を話せる友だちがいたら発音を教えてもらおう

うれしい
フェリース
feliz

たのしい
アレグレ
alegre

おこる
ザンガード
zangado

こまる
テール
ter
ジフィクウダージ,
dificuldade,
エスタール コン
estar com
プロブレーマ
problema

かなしい
トゥリスチ
triste

さびしい
ソリタリオ
solitário

おもしろい
ジヴェルチード
divertido,
インテレッサンチ
interessante

つまらない
シャット,
chato,
エンテジアンチ
entediante

15

ブラジルの行事にせまってみよう

ブラジルの人たちは、お祭り好き。とくに、リオデジャネイロのカーニバルは世界的に有名です。ほかにどんな行事を楽しんでいるのでしょうか。

> 1月 > 2月 > 3月 > 4月 > 5月 > 6月 >

カーニバル

2～3月の4日間

サンパウロにつぐブラジル第2の大都市であるリオデジャネイロでおこなわれる、世界最大級の祭り。期間中には、100万人もの人々が国内や海外からおとずれます。リオのカーニバルでは、きらびやかな衣装を身につけた人々が、にぎやかなサンバのリズムに合わせて陽気におどります。祭りはコンテスト形式になっていて、多くのチームがおどりや山車の完成度をきそいます。参加者は、1チームあたり5,000～8,000人にもなります。

リオのカーニバルが有名だけど、ブラジルでは各地でカーニバルがおこなわれているよ

カーニバルに登場する山車。10人以上のダンサーが乗ることができる。

サンパウロの七夕

　日系人が多いサンパウロでは、毎年7月に日本の伝統行事である七夕祭りがおこなわれます。祭りの期間には、日本と同じように願いごとを書いたたんざくをつけたササが町中にかざられます。また、多くの出店がならんで、たいこのえんそう、ぼんおどり、沖縄の伝統的なおどりであるエイサーなどもひろうされます。この祭りは、今では日系人の祭りというわくをこえて、毎年10万人以上の人々がおとずれるほどのイベントになっています。

> 7月 〉 8月 〉 9月 〉 10月 〉 11月 〉 12月

フェスタ・ジュニーナ

6月

　フェスタ・ジュニーナとは「6月の祭り」という意味です。もともとは6月24日の「聖ジョアン・バチスタの日」を祝うための祭りとして始まりました。現在は、6月13日の「聖アントニオの日」と6月29日の「聖ペドロの日」を合わせた盛大な祭りとなっています。この祭りには、豊作をいのる意味があるため、人々はカイピーラスタイルという田舎風の服装をして、祭りに参加します。男性のカイピーラスタイルは、おもにチェックのシャツと、ジーンズ、麦わらぼうしというスタイルです。一方、女性はチェックのワンピースにエプロンが定番で、かみの毛を3つあみにすることもあります。カイピーラスタイルに身を包んだ人々は、アコーディオンの音色に合わせ、クアドリーリャとよばれるダンスをおどります。

クアドリーリャをおどる人々。

カイピーラスタイルの男の子。

フェスタでは、カンジッカ（トウモロコシをつぶしてシナモンと砂糖で味つけしたデザート）などの料理を楽しむ。

17

ブラジルの教育制度と小学校のようす

ブラジルの子どもたちも、日本の子どもたちと同じように学校に通って勉強をします。どのような教育を受けているのでしょうか。

ブラジルの教育制度

　ブラジルの義務教育には、小学校に上がる前の子どもが2年間受ける幼児教育、5年間の小学校と4年間の中学校からなる基礎教育、3年間の高等学校からなる中等教育があります。合計の年数は14年間で、日本の9年間よりも5年も長いです。義務教育を終えた後は、大学に進む人もいますが、多くの人が社会に出て働きます。授業はおもにポルトガル語でおこなわれていて、先住民（もともと住んでいた人々）の言葉で授業を受けることもできます。

ブラジルの小学校の教室のようす。日本の小学校とよくにている。

ある小学校の1年

　日本と同じ3学期制ですが、4学期制の学校もあります。授業は午前の部と午後の部があり、多くの場合はどちらかを選ぶことができます。夏休みと冬休みがあり、休みには宿題がないのも大きな特徴です。父の日や母の日には、保護者が学校に集まって、交流行事がおこなわれます。冬には、フェスタ・ジュニーナ（収穫祭）が学校行事としておこなわれます。

南半球にあるブラジルは日本と季節が逆だから12・1月が夏休みなんだね

※3学期制の場合

4月	5月	6月	7月	8月	9月	10月	11月	12月	1月	2月	3月
			冬休み					夏休み		新学期 1学期	
1学期	2学期			3学期						リオのカーニバル	
	母の日			父の日				進級試験結果の発表			
		フェスタ・ジュニーナ（収穫祭）									

学校のルールや習慣は？

そうじは専門のスタッフがおこなうため、児童生徒がおこなうことはありません。また、多くの学校で、イヤリングなどのアクセサリーを身につけることがみとめられています。家からおかしを持ってくることがゆるされていて、休み時間には学校の売店でおかしを買うこともできます。ちこくをした場合は、次の授業が始まるまで図書館で待たなければならない学校もあれば、校内に入れない学校もあります。体育の時間に、体操服を着ない学校もあります。

授業のようす。アクセサリーを身につけている子どももいる。

ブラジルでは地域によって受けられる教育に差があったり、経済的な理由で、学校に行きたくても行けない子がいたりするんだ。でも、そんな教育の格差も、少しずつ小さくなっているわ

ブラジルの学校は二部制や三部制なので、給食のかわりにパンやくだものなどが出されるところもある。

通学にバスを利用する人が多い。

ブラジルの食文化にせまってみよう

ブラジルは、複数の民族の文化がまざりあった国です。
どのような料理が食べられているのでしょうか。

ポルトガルやアフリカのえいきょうを受けた食文化

　16世紀にポルトガルの植民地となったブラジルには、働き手としてアフリカから多くの人々が連れてこられました。その後、ヨーロッパやアジアなどから、多くの移民がやってきた時代もありました。そのため、ブラジル料理は、ポルトガルやアフリカをはじめとする、世界中のさまざまな地域の料理のえいきょうを受けています。

ボリーニョ・デ・バカリャウ

魚のタラをほしたバカリャウと、つぶしたじゃがいもをまぜ、油であげた料理。コロッケによくにている。

バカリャウ

塩づけにしてほしたタラ。ポルトガルから伝わった食材で、さまざまなブラジル料理に使われている。

デンデ油

アブラヤシの実からとれる植物油で、多くのブラジル料理に使われる。あざやかな赤色が特徴で、香りも強い。

アカラジェ

つぶした豆とタマネギをまぜてデンデ油であげた料理。アフリカ料理のえいきょうを受けている。半分に切ってエビや野菜をはさむこともある。

ブラジルを代表する料理

ブラジルは肉牛の飼育がさかんなため、牛肉を使った料理がよく食べられています。また、油をたくさん使ったあげ物や、いため物など、食べごたえのある料理が多いのも特徴です。

ブラジルは国土が広いため、地域によって料理の特徴もことなります。アマゾン川が流れる北部の地域では、魚を使った料理がさかんに食べられています。一方、南部では豆や肉を使った料理がさかんにつくられています。

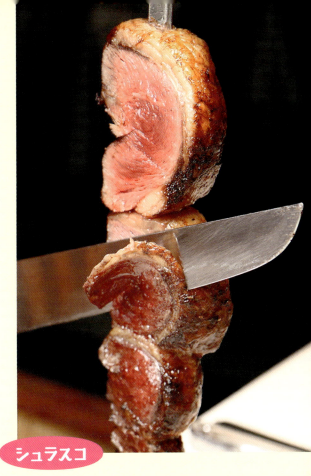

シュラスコ
大きな肉のかたまりをくしにさして焼いたバーベキューのような料理。レストランでは、係の人がお客さんのところまで持っていき、切り分けてくれる。

フェイジョアーダ
豆の煮こみ料理。あまった豆と肉を使ってつくったのがはじまりといわれ、今ではブラジルを代表する料理となっている。

コシーニャ
ほぐしたとり肉をキャッサバの粉（タピオカ粉）や小麦粉でつくった生地で包み、油であげた料理。おつまみとしても人気がある。

料理名のコシーニャは、ポルトガル語の「ふともも」という言葉がもとになっているわ。その名の通り、ニワトリのふとももようの形が特徴なのよ

ブラジル料理に欠かせないキャッサバ

キャッサバは、南アメリカ原産のイモの一種です。日本ではドリンクが人気のタピオカの原料として知られています。このキャッサバは、ブラジルではタピオカ粉として料理の生地に使うほか、いため物などにも使います。また、ゆでてそのまま食べたり、すりおろしていためたものを、ふりかけのように使ったりすることもあります。

ネパールってどんな国？

ネパールは多くの文化遺産をもつ南アジアの国です。ネパールの基本データを見てみましょう。

標高8,000ｍ級の山々が連なり、「世界の屋根」とよばれるヒマラヤ山脈と、南部の平原からなる国です。山脈のある北部は冷涼、南部は温暖と、標高によって気候がことなります。おもな産業は農業ですが、世界中から登山客がおとずれるため観光業もさかんです。さまざまな民族がくらす多民族国家で、シェルパ族は山の案内人として有名です。

正式名称	ネパール連邦民主共和国
首都	カトマンズ
面積	15万㎢（日本の約4割）
人口	3,100万人（日本の約4分の1）
民族	パルバテ・ヒンドゥー、マガル、タルー、タマン、ネワールなど
宗教	ヒンドゥー教、仏教、イスラム教ほか
通貨	ネパール・ルピー

ネパールの国旗のかたちは、世界で唯一四角形ではありません。赤色は国の花であるシャクナゲの色で、国民を表し、国旗をふちどる青色は平和を表しています。上の三角にえがかれた月と、下の三角にえがかれた太陽をあわせて国家の永遠の繁栄を表現しています。国旗のかたちである2つの三角形は、ヒマラヤ山脈や、国でさかんな2つの宗教を表すとされます。

ネパールではおもに7種類のお札が使われています。硬貨はルピーのほかに、パイサとよばれる単位（1ルピー＝100パイサ）のものもありますが、買い物にはお札を使うことが多いです。硬貨は、宗教行事のおそなえなどに使われます。

（写真提供）貨幣博物館カレンシア

世界遺産　サガルマータ国立公園

お札や硬貨には、世界で最も高い山であるエベレストがえがかれているんです

エベレストをはじめとする標高7,000ｍ以上の山々をふくむ国立公園です。サガルマータはネパール語で「世界の頂上」という意味で、エベレストを指す言葉です。

聖地　ボダナート

ネパールでもっとも高い仏塔であるボダナートは、高さが36mあります。中にはブッダのほねが入っているといわれています。

観光地　ダルバール広場

パタンにある、かつての宮廷前の広場です。ヒンドゥー教と仏教がまざりあった独自の文化と歴史が感じられます。

自然　チトワン国立公園

亜熱帯の草原と森が広がり、インドサイやベンガルトラなど絶滅危惧種も生息しています。

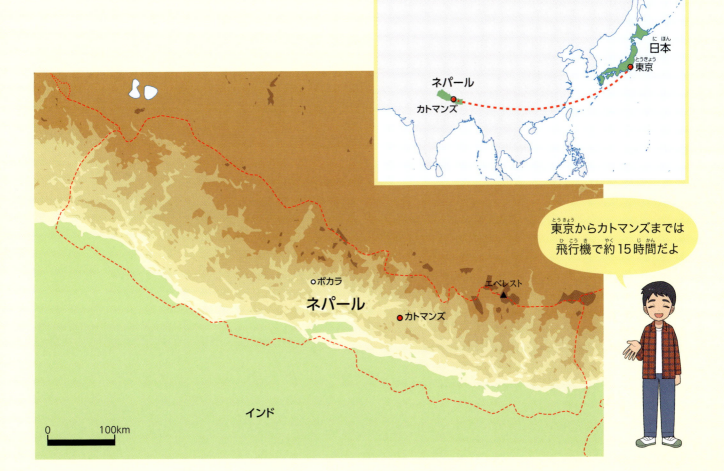

東京からカトマンズまでは飛行機で約15時間だよ

ネパールと日本のつながりって？

日本とネパールには、100年以上のつながりがあります。
どのような歴史があるのでしょう。

(写真) 稲葉 香

ネパールと日本のつながり

日本とネパールのつながりは、1899年に日本人の僧で探検家でもあった河口慧海が、ネパールをおとずれたことに始まります。その3年後の1902年には、ネパールではじめての留学生が、日本を留学先に選んでいます。ネパールの人はクリやカキなどを食べる習慣や、キクやフジなどを身近な植物として楽しむ習慣がありますが、それは、そのころのネパール人留学生が、日本から持ち帰った文化だといわれています。

日本とネパールは、第二次世界大戦後の1956年に、正式な外交関係を結んでいます。ちなみに、日本の紙幣の原料として使われているミツマタという植物は、日本国内での生産量がへったため、現在はその多くをネパールから輸入しています。

首都のカトマンズにある、河口慧海の業績をたたえる記念碑。

お札を見るときは、ネパールのことを想像してほしいです

(堺市立中央図書館所蔵)

ネパールから来る留学生がふえている

山が多く平地が少ないネパールは、国内の産業がかぎられているため、日本に働きに来る若者がたくさんいます。2023年に日本で働いていた外国人労働者（約205万人）のうち、約7.1パーセント（約14万6千人）がネパール人で、国別で見ると4番目に多い数となっています。またネパールからの留学生も急速にふえていて、2023年に中国についで多い国となりました。

| 日本でくらすネパール人の数 | 156,333人 (2023年6月末現在) |
|
| ネパールでくらす日本人の数 | 443人 (2023年10月1日現在) |

ネパールでは河口慧海の切手も発行されている。

地震をきっかけに深まったネパールと日本の関係

2015年4月25日、ネパールの中西部でマグニチュード7.8の地震が発生し、大きな被害が出ました。その直後、日本は国際緊急援助隊をネパールに送り、被災者の救助にあたりました。また、開発途上国などへの開発援助をしている国際協力機構（JICA）は、多くの毛布やテントを送り、地震で大きな被害を受けた病院の建て直しや、水道管や橋などを修理する支援もおこないました。

多くの被害者が出たシンドパルチョーク郡の被災直後のようす。　（写真提供）JICA

日本の地方公共団体との交流

日本とネパールは、地方公共団体どうしでの交流もさかんです。代表的な交流のひとつが、長野県松本市と首都カトマンズ市の交流です。2つの都市が、どちらも山に囲まれた盆地であることから、1989年に姉妹都市となりました。その後、松本市はカトマンズ市に武道館を建てたり、そこで柔道大会を開いたりしてきました。また、2024年には姉妹都市になって35年たったことを記念して、松本市内の学校給食でネパール料理が出されました。

松本市とカトマンズ市のほかには、長野県駒ヶ根市とポカラ市、富山県南砺市とトクチェ村、長野県青木村とナムチェ・バザール村が、交流をおこなっています。

(写真提供)松本市

ネパール語で「ダル」とよばれる豆が入ったスープ。

(写真提供)松本市

中国のギョウザや小籠包ににた「モモ」。

ネパールの料理が給食に出る学校があるんだ！わたしも食べてみたいな

ネパールにルーツのある小学生にインタビュー

ネパールから日本に来て、神奈川県横浜市の小学校に通うビノッドさんに聞いてみました。

🎤 日本に引っこすと言われたとき、どんなふうに思いましたか？

ネパールから日本へ行くことは、出発の1か月くらい前にお父さんから聞きました。飛行機のチケットの準備などに時間がかかったからだそうです。最初はワクワクしてうれしかったけれど、そのうちネパールで近くに住んでいるじいじやばあばと、はなればなれになることに気づいて、それはこまるなってすごく悲しくなってしまいました。

🎤 日本に到着して、はじめにどう思いましたか？

ネパールでぼくが住んでいた場所は、自然が多くて、家も一軒家が多かったんです。だから、日本に着いたらビルがいっぱいあるなって思いました。

ネパールでは、学年ごとに1クラスしかなかったけれど、日本に来たら、たくさんクラスがあっておどろきました。図工や体育の授業は、ネパールではなかったので、楽しいです。

● 子どもの名前は仮名です。

📝 日本に来たばかりのころは、どんなことが大変でしたか？

　日本に来て、はじめて受けたテストが国語でした。まだぜんぜん言葉を覚えていなかったから、問題の内容がわからなくて、くやしくて、テスト用紙をすててしまったことがありました。授業がわからなくてボーッとしていたこともありましたが、クラスの子がタブレットの翻訳機能を使って話しかけてくれて、いろいろなことを教えてくれました。

📝 日本に来て楽しかったことや、将来のゆめはなんですか？

　東京スカイツリーに行ったときのことをよく覚えています。くもっていて窓からは何も見えなかったけれど、逆にそれがういているみたいに感じて、楽しかったです。あんなに高い建物はネパールでは見たことがなかったから。将来は、大学に行ってITを勉強して、ゲームクリエイターになりたいです！

ビノッドさんの先生にインタビュー

ビノッドさんが通う神奈川県横浜市の小学校で、日本語支援の先生に聞いてみました。

🎤 **日本語がわからない子どもたちとのコミュニケーションでどんなことに気をつけていますか？**

　日本に来たばかりで、まだ日本語がほとんどわからない女の子がいます。母語ではしっかり勉強をがんばっていたし、心の中でいろいろ考えていることも感じます。美しいものが好きで、それを表現したいという気持ちがあるのに、日本語で表すことができないのです。そんな苦しみを感じている子に対して、わたしが日本語をちょっと手伝っただけで、とても素敵な俳句や短歌をつくったり、すばらしい絵をかいたりすることができました。「日本語がわからない＝勉強ができない」というわけではありません。日本語の力にとらわれず、その子の能力が発揮されるよう支援しています。

先生に日本語手伝わせて！

● 子どもの名前は仮名です。

言葉がわからないと、仲よくなることはむずかしいですか？

この間、一人の女の子が4年生に転入してきました。まったく日本語がわからない子ですが、とても明るくてコミュニケーションが大好きです。日本語は話せなくても、毎日うれしそうに笑いながら手をふってくれます。そのうちクラスのみんなも、ジェスチャーをまじえて伝えようとしたり、英語がわかるらしいと、英語の本を借りてきて見せてみたり、時間割に英語を書き加えてあげたり……そういうところから少しずつ仲よくなっていきました。言葉だけじゃないなって思っています。

外国から来た子どもたちとの交流を通して、学ぶ機会があると聞きました。どのような活動ですか？

あるクラスの取り組みで、総合的な学習の時間に、外国のパンをつくりました。セルロティというネパールのパンです。

また、近所のパン屋さんが、いろいろな具をはさんだ「おかずパン」を売っているのですが、外国の子どもたちから教わった料理をはさんだ新しいパンをつくって販売するといった、地域との取り組みもあります。

ネパール語で話してみよう

ネパールのあいさつと気持ちを表す言葉です。声に出して話してみましょう。

あいさつの言葉

基本のあいさつをマスターしましょう

おはよう
スバ プラバート
शुभ प्रभात

こんにちは
ナマステ
नमस्ते

さようなら
ペリ ベタウラー
फेरि भेटौंला

ごめんなさい
マーフ ガルヌホス
माफ गर्नुहोस्

ありがとう
ダンニャバード
धन्यवाद

どういたしまして
スワーガット チャ
स्वागत छ।

気持ちを表す言葉

ネパール語を話せる友だちがいたら発音を教えてもらおう

うれしい
クシ
खुसी

たのしい
ラマイロ
रमाइलो

おこる
リサウヌ
रिसाउनु

心配
チンタ
चन्ता

かなしい
ドゥーカ
दुःख

さびしい
ニャースロ ラギョ
न्यास्रो लाग्यो

おもしろい
チャーカ ラグド
चाख लाग्दो

つまらない
ボール
बेकार

33

ネパールの行事にせまってみよう

多くの民族が住んでいて、さまざまな宗教が信仰されているネパールでは、
1年を通じて、さまざまな祭りがおこなわれています。

ガイジャトラ

ガイジャトラとは「ウシの祭り」という意味で、毎年、8月のおわりごろにおこなわれます。ネパールでは、ウシはなくなった人を死後の世界に送りとどけてくれる神聖な動物だと考えられています。この祭りの日には、「ウシの衣装」という伝統的な服を着た子どもたちが、1年以内に家族をなくした人たちとともに、歌ったりおどったりしながら町を歩きます。町の人々は、「みんなが食事にこまらないように」という願いをこめて、行列に参加している人たちに食べ物を配ります。

伝統的な「ウシの衣装」を着て祭りに参加している子どもたち。

> 1月 > 2月 > 3月 > 4月 > 5月 > 6月 >

インドラ神の祭り

豊作をいのるために毎年、9月ごろに8日間かけておこなわれる、ネワール族の祭りです。祭りでは、広場に大きな柱を立てて、仮面をつけた人々がおどります。

また、クマリという生き神とされる女の子を乗せた山車も、この祭りの目玉のひとつです。クマリと目が合うと幸せになれると考えられているため、一目でもクマリを見ようと、カトマンズの町を移動する山車のまわりに多くの人が集まります。

仮面をつけた人々によるおどりのようす。

ネパールで使われているビクラム暦

ネパールでは、西暦とビクラム暦の両方がかかれたカレンダーが使われているんですよ

ネパールでは、わたしたちが使っている西暦というこよみとは別に、ビクラム暦というこよみが使われています。ビクラム暦の年は、1～4月は西暦に56をたした数字、5～12月は西暦に57をたした数字になります。例えば、2025年はビクラム暦では2081年や2082年になります。

ビクラム暦の4月の中ごろが西暦の1月1日にあたり※、この日には多くの人がヒンドゥー教のお寺にお参りして、食べ物をお供えします。ピクニックに出かけたり、旅行をしたりする人もいます。

※西暦の4月中ごろが新年とされていますが、年によって1年のはじまりがずれます。

ネパールから外国に移住した人や留学した人の中には、スマートフォンでビクラム暦を調べる人もいるんだ

ビクラム暦のカレンダーの画面。

| 7月 | 8月 | 9月 | 10月 | 11月 | 12月 |

ダサイン

ヒンドゥー教の女神であるドゥルガーの勝利を祝う祭りです。ネパールでもっとも大切にされている祭りで、毎年、9～10月に約2週間かけておこなわれます。祭りの間、学校や会社は休みになります。

この祭りでは、年長者から赤い色の粉と米、ヨーグルトをまぜた「ティカ」というものをひたいにつけてもらいます。また、ジャマラという麦やトウモロコシの苗を耳にかけてもらい、幸福や健康をいのります。そして、ヤギの肉などでごちそうをつくり、みんなで食べます。

年長者から、赤い「ティカ」をつけてもらうようす。

ダサインのときには、大きなブランコがつくられる。

ネパールの教育制度と小学校のようす

ネパールでは、2016年に義務教育を8年間とすることが決められました。
ネパールの教育制度や学校のようすを見てみましょう。

小学校での授業のようす。

ネパールの教育制度

ネパールでは、義務教育のために基礎教育学校がもうけられています。5、6歳になると基礎教育学校に入り、8年生までの8年間をすごします。学校の数は、公立よりも私立のほうが多いのが特徴です。

新年度が始まるのは4月の中ごろです。基礎教育学校では、ネパール語（国語）とともに英語も学びます。また、1年生から留年制度（学力がたりないと同じ学年でもう1年すごすしくみ）があります。

基礎教育学校を卒業した後は、仕事のための技術を身につける技術職業教育機関や、中等教育学校に入って学ぶ子どももいます。技術職業教育機関や中等教育学校は、9〜12年生の4年間が基本ですが、学校によって勉強する期間などが少しずつことなります。

ネパールでは、10以上の学年がひとつの学校になっているところもあるよ

ネパールの小学校の1年間

ネパールでは、土曜日と祝日をのぞいて毎日、授業があり、授業の数は1日に6〜8限（1限あたり40〜45分）です。ただし、金曜日は半日授業です。

新学期

※1 ネパールは学期制を採用していない。学年のはじまりは4月中旬。
※2 年間に60日の休暇があり、休暇の時期は学校が定めている。例えば7〜8月ごろに夏季休暇、9月下旬〜10月にダサイン休暇、10〜11月にティハール休暇など。

学校のルールや習慣

日本の小学校にあたる基礎教育学校から制服があります。男子は短髪にすること、女子は長い髪を結うことなど、髪型は校則できびしく決められていて、多くの場合はアクセサリーや化粧なども禁止されています。おやつを家から持ってきて、休み時間に食べることはみとめられています。

そうじは、公立の学校では日本と同じように児童がしますが、私立の学校では業者がする場合もあります。

首都カトマンズの小学校で授業を受ける女の子。ノートを英語で書いている。

（写真提供）佐藤 浩治/JICA

制服を着て、授業を受けている子どもたち。

ぼくはネパールにいたとき、住んでいた地域の言語を話していて、学校でネパール語と英語を学んでいたよ。だから日本語は4つ目の言語なんだ

たくさんの言語を勉強してきたんだね

ネパールの食文化にせまってみよう

ネパールは、インドと中国にはさまれています。そのため、それぞれの国や地域のえいきょうを受けた料理が食べられています。

ネパールを代表する料理ダルバート

ネパールを代表する家庭料理が、ダルバートです。ダルバートのダルは豆のスープ、バートはごはんという意味です。ダルバートは、多くの家庭でふだんの料理として食べられています。

ダヒ こいヨーグルト。大きないれものに入って売られている。

鶏肉の煮物

ダル 豆のスープ。黄豆やレンズ豆など、さまざまな豆が使われている。

青菜のいため物

パパド すりつぶした豆をねって焼いたせんべいのようなもの。

写真の煮物やいため物などのおかずのことはタルカリっていうよ

チャウミン

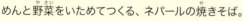

めんと野菜をいためてつくる、ネパールの焼きそば。

日本の焼きそばとかぎょうざににているね

まわりの国のえいきょうが見られるネパール料理

インドとヒマラヤ山脈にはさまれた場所にあるネパールでは、インド料理のえいきょうを受けたカレーなどの料理がよく食べられています。ただし、ネパール料理はインド料理のように多くのスパイスを使うことはなく、全体的に辛さがひかえめです。

また、ネパール料理はインドのほか、ヒマラヤ山脈の北側にあるチベットのえいきょうも強く受けています。そのため、チベットで食べられているぎょうざににたモモという料理なども親しまれています。

モモ

肉や野菜を皮でつつみ、ゆでたり、あげたり、むしたりする。トマトやゴマ、ピーナッツなどのたれをつけて食べる。

ネパールの食事

ネパールの人たちは、朝と夜の1日2回ごはんを食べます。1日3回ごはんを食べる日本とはことなります。

多くの場合、ごはんは床に座って食べます。食べるときには、はしやフォークなどを使わず、お盆の上にのせられているごはんとおかずを、右手を使ってまぜながら食べます。ネパールでは食事のときに左手を使うことはありません。

食事のようす。ネパールの人たちは、右手だけで食事をする。

ネパールの人にとって、左手はトイレのときに使う手なんだ

水を飲むとき、水さしに口をつけるのはぎょうぎが悪いので、口をつけないようにして飲む。

ネパールのおやつ「カジャ」

ネパールでは、昼ごはんを食べないかわりに、昼におやつを食べる習慣があります。このおやつの時間を、カジャといいます。カジャでは、ドーナツのようなセルロティや焼きトウモロコシなどを食べます。インスタントラーメンを食べることもあります。

カジャの時間に欠かせないのが、チヤという甘いミルクティーです。チャは、水を入れた牛乳をわかして、砂糖と紅茶の葉を入れた後、茶こしでこしてつくります。

ネパールでは、おもに東部で紅茶がつくられているんですよ。世界的な紅茶の産地として知られているインドのダージリン地方から近く、紅茶のすぐれたさいばい方法がインドから伝えられたんですって

セルロティ

米粉を使ったドーナツのようなおかし。祭りのときなどにも食べる。

チヤ

飲むときには、茶こしで葉をこし取る。

もっと知りたい！ 日本でくらす世界の友だち 多文化共生を学ぼう

中国・韓国の友だち

ベトナム・フィリピンの友だち

ブラジル・ネパールの友だち

[監修] 梅澤 真一（うめざわ しんいち）

植草学園大学発達教育学部教授（元・筑波大学附属小学校教諭）。専門は小学校社会科教育。日本社会科教育学会、全国社会科教育学会、日本地理教育学会などに所属。東京書籍『新編 新しい社会』教科書編集委員。著書に『梅澤真一の「深い学び」をつくる社会科授業 5年』（東洋館出版社）、編著に『必備！社会科の定番授業 小学校4年』（学事出版）、監修に『小学総合的研究 わかる社会』（旺文社）、『読んでおきたい偉人伝 小学1・2年』（成美堂出版）、『警察署図鑑』『病院図鑑』（金の星社） など。

- マンガ　　　　　ナガラヨリ
- 本文イラスト　　ツナチナツ、清野705
- 原稿執筆　　　　山内 ススム、菅 祐美子、青木 美登里、つづきあや
- デザイン・DTP　横地 綾子（フレーズ）
- DTP　　　　　　井林 真紀（Chadal 108）
- 地図　　　　　　ジェオ
- 校正　　　　　　ペーパーハウス
- 編集　　　　　　株式会社 アルバ
- 写真提供・協力　Shutterstock、PIXTA
- 取材協力　　　　横浜市教育委員会

もっと知りたい！ 日本でくらす世界の友だち 多文化共生を学ぼう

ブラジル・ネパールの友だち

初版発行　2025年3月

監修　　　梅澤 真一

発行所　　株式会社 金の星社
　　　　　〒111-0056　東京都台東区小島1-4-3
電話　　　03-3861-1861(代表)
FAX　　　 03-3861-1507
振替　　　00100-0-64678
ホームページ　https://www.kinnohoshi.co.jp
印刷　　　広研印刷 株式会社
製本　　　東京美術紙工

40P.　29.5cm　NDC380　ISBN978-4-323-05116-1
©Yori Nagara,TsunaChinatsu,Naoko Seino, ARUBA,2025
Published by KIN-NO-HOSHI SHA,Tokyo,Japan

乱丁落丁本は、ご面倒ですが、小社販売部宛てにご送付ください。送料小社負担にてお取り替えいたします。

JCOPY 出版者著作権管理機構 委託出版物

本書の無断複写は著作権法上の例外を除き禁じられています。複写される場合は、そのつど事前に、出版者著作権管理機構（電話 03-5244-5088、FAX 03-5244-5089、e-mail: info@jcopy.or.jp）の許諾を得てください。
※本書を代行業者等の第三者に依頼してスキャンやデジタル化することは、たとえ個人や家庭内での利用でも著作権法違反です。

100年の歩み

金の星社は1919(大正8)年、童謡童話雑誌『金の船』（のち『金の星』に改題）創刊をもって創業した最も長い歴史を持つ子どもの本の専門出版社です。

よりよい本づくりをめざして

お客様のご意見・ご感想をうかがいたく、読者アンケートにご協力ください。
ご希望の方にはバースデーカードをお届けいたします。

アンケートご入力画面はこちら！

https://www.kinnohoshi.co.jp